フライパンひとつでスパイスカレー

印度カリー子

JN083308

フライパンひとつでスパイスカレー

✦✦✦ Contents ✦✦✦

料理を始める前に

● 計量単位は、小さじ1＝5㎖、大さじ1＝15㎖です。

● フライパンはフッ素樹脂加工がされているものがおすすめです。鉄製のフライパンを使う場合は、サラダ油をひいてからお使いください。

● すべての加熱時間は目安です。様子を見ながら加熱してください。

● 電子レンジの加熱時間は600Wのものを基準にしています。機種によって多少異なりますが、500Wの場合は1.2倍、700Wの場合は0.8倍を目安に加熱してください。

● 野菜や魚介類などは、基本的に洗うなどの下ごしらえをしたものを使用しています。

● 電子レンジ、炊飯器などの調理器具は、取り扱い説明書をよく読んで、正しくお使いください。

スパイスカレーは "家

スパイスから作るカレーはお店で食べるもの、と思っていませんか？
本書で紹介するカレーは、"作りやすさ"を第一に考えた、家庭で楽し
むためのスパイスカレーです。

3つのスパイスがあれば
どんな食材でも
カレーになる

スパイスは種類が多いため、最初
は何をどう使えばいいのか戸惑う
もの。そこで本書で提案するのは、
3つのスパイスで作るスパイスカ
レー。ターメリック、クミンパウ
ダー、コリアンダーで本格的なカ
レーが作れます。

フライパンで
炒めて作るから
短時間でできる

カレー＝煮込み料理のイメージが
ありますが、スパイスカレーは炒
め料理。スパイスの香りを楽しむ
ものだから、具材に火が通る程度
にジャッと炒めてサッと煮るだけ
で OK。長時間加熱すると、香り
が飛んでおいしくなくなります。

主役はルーより
具材なので
レパートリーは無限大

具材をじっくり煮込んでルーにうま
みを移した欧風カレーなどとは違っ
て、スパイスカレーの主役は具材。
肉、魚、豆、豆腐や絹揚げ、野菜な
ど、どんな具材でもスパイスが味を
引き立て、おいしく仕上げます。

庭料理の新定番"です!

小麦粉不使用＆油控えめ だから体にやさしい

毎日の食事は、健康バランスがよくて、カロリーも控えめなものがベスト。本書のスパイスカレーは小麦粉を使わず、油の量も控えた、まさに健康食。スパイスの刺激によって、食事の満足度も高まるため、毎日食べても飽きません。

冷蔵・冷凍保存 すると もっとラクちん

本書で紹介するカレーは、冷蔵・冷凍保存が可能。多めに作って冷凍しておくと、いつでも好きなときにカレーを楽しめます。しかも、冷凍しても味は落ちません。

保存袋に入れて冷凍 OK。

カレー以外の料理も スパイスでおいしくなる

スパイスはカレー以外の料理にも使えます。ハンバーグや煮魚といったいつもの料理に使えば、まったく違った味に生まれ変わります。献立のマンネリ化を打破する救世主なのです。

スパイスカレーの4つのステップ

本書で紹介するスパイスカレーは、グレイビーを作ることからスタートします。グレイビーは作り置きできるので、いつでも好きなカレーを楽しむことができます。

POINT 1

3つのスパイスで
スパイスカレーの素
"グレイビー"を作る

グレイビーとは、欧風カレーにおけるルーのようなもの。玉ねぎやトマト、にんにく、しょうがを炒めて、ターメリック、クミンパウダー、コリアンダーを混ぜて作ります。本書では、味わいが違う3つのグレイビーを使った、個性豊かなカレーとスパイス料理のレシピをご紹介します。

本書では3タイプのグレイビーで
カレーとスパイス料理を
作ります

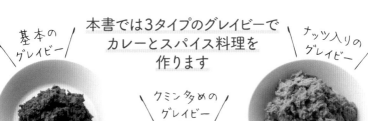

基本の
グレイビー

クミン多めの
グレイビー

ナッツ入りの
グレイビー

作り方は P.12 →

作り方は P.42 →

作り方は P.66 →

POINT 2
メイン食材を選ぶ

スパイスカレーの主役となるのが具材。肉、魚、野菜、豆など、合わない具材はありません。レシピ通りの具材がないときは、各レシピの「こんな食材もおすすめ！」を参考にして。具材を入れ過ぎると味がまとまらなくなるので、多くても2種類まで。野菜だけだと物足りなく感じそうですが、スパイスカレーならおいしく出来上がります。

POINT 3
ベースを選ぶ

ベースとは、スパイスカレーを煮るときに加える水分のこと。水だけでもいいですし、牛乳ならあっさりした味に、ヨーグルトならさっぱりした味わいになります。ココナッツミルクや生クリームを使うと濃厚な仕上がりに。野菜を使ったカレーは、野菜の水分を利用して水を使わない場合もあります。

グレイビーを
作り置けば、
10〜15分で
カレーが
出来上がる！

POINT 4
辛みをつける

グレイビーに使うターメリック、クミンパウダー、コリアンダーには、辛みは一切ありません。辛みをつけたいときは、レッドチリパウダー、ブラックペッパーをお好みで加えて。分量は1人分あたり小さじ⅛〜小さじ1の間で調整を。小さじ1だと激辛になるので、少量ずつから試しましょう。

基本の スパイス 3+α

もっと本格的な味になる

まずそろえたいのは、グレイビー作りに必要なターメリック、クミンパウダー、コリアンダーの3種類。そのほかは作りたいレシピに合わせて、買い足すようにしてください。

そろえるのは基本の3つのスパイスから

　この本に登場するスパイスカレーは、「基本の3つのスパイス」があれば作れます。この3つは辛みがないスパイスなので、辛いカレーが苦手な人でも食べられます。辛くしたいときに使うスパイスが、「辛みのスパイス」。辛さの質が違うので、お好みで使い分けてください。

　Part 2、3では、「香りのスパイス」（P.10参照）が登場します。使うと香りや味に深みが出るスパイスですが、これらがなくてもカレーは作れます。カレー作りに慣れてきたら、チャレンジしてみてください。

Part 1、2、3は
これがあれば
できる

基本の3つのスパイス

ターメリック

日本名はウコン。カレーに色をつける鮮やかな黄色のスパイス。土っぽい香りがするため、入れ過ぎに注意。

クミンパウダー

エスニック感あふれる刺激的な香り。インドやカレーを連想させる香りといえばこのスパイス。

コリアンダー

パクチーの種を乾燥させて粉状にしたスパイス。さわやかで甘い香りが特徴。パクチーの葉とは異なる香り。

辛みのスパイス

辛みは
お好みで
プラスして

レッドチリパウダー

唐辛子の粉末。舌をじんわり温めるような辛みがある。「レッドペッパー」「カイエンペッパー」も同じように使える。

ブラックペッパー

黒こしょうの細びきの粉末がおすすめ。刺激的でピリピリ刺すような辛みがあり、鼻に抜ける香りがある。粗びきタイプだと辛みは控えめ。

スパイスを使うときの注意点

密閉容器で戸棚の中で保存

スパイスの大敵は、高い温度、湿気、空気。これらから守るために、スパイスは密閉容器に入れ、キッチンの戸棚の中などに保存しましょう。

**パウダータイプは
早めに使いきって**

ホールスパイスはきちんと保存していれば数年持ちます。パウダータイプは香りが飛びやすいので、少量ずつ買って、早く使いきりましょう。

使うときは小皿に出して

蒸気が立った鍋に保存容器から直接ふり入れると、一瞬でスパイスが湿気てしまいます。スパイスはスプーンや皿に取り出してから使って。

スパイスを乾燥や湿気から
守ってくれるスパイスラック。

9

香りのスパイス

もっと本格的な味になる

シナモンスティック

パウダー

甘い香りが特徴のスパイス。木の皮状のスティックとパウダータイプがある。香りの強いカシアという種のシナモンがおすすめ。

カルダモン（ホール）

パウダー

「スパイスの女王」と呼ばれる高貴でさわやかな香りのスパイス。種状のホールとパウダータイプがある。

マスタードシード

クミンシード

そのままでは無味無臭。加熱するとナッツのようなコクとほのかな酸味を感じるスパイス。

クミンパウダーはこれをパウダー状に加工したもの。シードのほうが香りが強い。よく火を通さないと苦い。

スターアニス

別名・八角。中華料理にも使われるスパイス。オリエンタルな甘い香りで漢方薬を連想する人も。

Part 1

覚えやすい
"1"の王道レシピ
基本のスパイスカレー

ターメリック：クミンパウダー：コリアンダー＝１：１：１
の王道レシピで作るグレイビーを使ったスパイスカレーをご
紹介します。レシピはどれもおどろくほどかんたんです！

すべてが "1" の基本のグレ

玉ねぎ…1個（みじん切り）

トマト…小1個（ざく切り）
※またはトマト（水煮缶）100g

塩…小さじ1

にんにく…1かけ
（みじん切り）

しょうが…1かけ
（みじん切り）

※にんにくとしょうがは同量が目安。

サラダ油
…大さじ1

3つのスパイス

ターメリック
…小さじ1

クミンパウダー
…小さじ1

コリアンダー
…小さじ1

イビーの作り方

玉ねぎなどの材料、スパイスの分量がすべて「1」の覚えやすいレシピで作るグレイビー。どんな具材もおいしく仕上げる王道の味です。グレイビーに具材とベースを加えれば、おいしいスパイスカレーが出来上がります。

作り方

1 にんにく、しょうが、玉ねぎを中〜強火で炒める

フライパンにサラダ油、にんにく、しょうが、玉ねぎを入れ、中〜強火で10〜15分炒めます。最終的に玉ねぎの水分が抜け、濃いカレールーのようなこげ茶色になるまで炒めてください。

炒め終わりの色の目安

こげつき防止のテクニック

玉ねぎが色づき始めたら、フライパンがこげつかないように鍋底をこするように混ぜながら炒めましょう。どうしてもこげつくなら、ほんの少しの水を加えて炒めても。あらかじめ玉ねぎを電子レンジで2分ほど加熱しておくと、炒め時間を2分ほど短縮できます。

2 トマトを加えて 中火で炒める

トマトを加え、中火で2〜3分炒めます。トマトの果実が崩れて水分が抜けてペースト状になり、皮が縮れるまで炒めます。

3 スパイスと 塩を加えて 弱火で炒める

ターメリック、クミンパウダー、コリアンダー、塩を加え、弱火で1分ほど炒めます。スパイスと塩がまんべんなく混ざるように炒めてください。

炒め終わりの色の目安

混ぜて炒める

炒め終わりの色の目安

グレイビーは
作り置きできる

出来上がったグレイビーで4人分のカレーが作れます。使いきれないときは、冷蔵庫や冷凍庫で保存して。香りが強いので、しっかり密閉できる容器や袋を使ってください。

※4人分以上のグレイビーを作りたいときは、P.78 参照。

出来上がり

冷蔵保存

においがもれたり、乾燥しないようにふたつきの保存容器に入れて。冷蔵庫で1週間ほど保存可能。

冷凍保存

冷凍用保存袋に平たく入れて冷凍庫で1カ月ほど保存可能。1回分ずつラップに包んで冷凍しても。

チキンカレー

グレイビーに鶏肉とヨーグルトと水を加えるだけでできる基本のカレーです

材料（2人分）

鶏もも肉······················ 300g
　（ひと口大に切る）
ヨーグルト（無糖）········· 100g
　（かき混ぜてなめらかにする）
水···························· 100㎖
基本のグレイビー ········· ½ 量
　※ P.12 参照

こんな食材もおすすめ！
豚や牛の肩ロース肉でも。ヨーグルトをココナッツミルクにしても。

作り方

1 フライパンにグレイビー、鶏肉を入れて中火で2分ほど炒める。

2 水を加えて煮立たせ、ふたをして弱火で6分ほど、肉に火が通るまで煮る。

3 ヨーグルトを加えて火を止め、混ぜ合わせる。

4 味をみて足りなければ、塩（材料外）を加える。お好みでパクチー（材料外）を添える。

★ ヨーグルトは分離しやすいので、かき混ぜてなめらかにして加え、すぐに火を止めて煮立たせないようにする。

納豆と鶏ひき肉の キーマカレー

納豆のたれとからしも使い
ほんのり和風味に仕上げています
ごはんにもナンにも合います

材料（2人分）

納豆（小粒）……………… 1パック
　※付属のたれ、からしも使う
鶏ひき肉………………… 200g
牛乳……………………… 大さじ1
基本のグレイビー ……… ½量
　※ P.12 参照

こんな食材もおすすめ!
豚や合いびき肉
ならコクのある
味に。ひき割り
納豆でも OK。

作り方

1 フライパンにグレイビー、ひき肉を入れて中火で1分ほど、肉に火が通るまで炒める。

2 納豆、たれ、からし、牛乳を加えて火を止め、混ぜ合わせる。

ひよこ豆のカレー

手軽な水煮缶を使って
あっという間に作れる
超ラクカレーです

材料（2人分）

ひよこ豆（水煮缶）…… 1缶・140g
牛乳……………………… 50㎖
基本のグレイビー ……… ½量
　※ P.12 参照

こんな食材もおすすめ！
大豆やキドニー
ビーンズ、ミッ
クスビーンズの
水煮に替えても。

作り方

1 フライパンにひよこ豆、牛乳、グレイビーを入れて混ぜ、中火で
1分ほど煮る。

2 味をみて足りなければ、塩（材料外）を加える。お好みでパクチー
（材料外）を添える。

21

ココナッツミルクがベースの
エスニック風味のカレー
骨つき肉で食べごたえがあります

鶏手羽元となすの
カレー

材料（2人分）

鶏手羽元·························4本
なす······························2本
　（8mm厚さの輪切りにする）
ココナッツミルク ············100ml
水·································100ml
基本のグレイビー ············½量
　※ P.12 参照

こんな食材もおすすめ！
鶏もも肉や鶏手羽で作ると脂のコクが加わって、リッチな味に。

作り方

1 フライパンにグレイビー、鶏肉、なすを入れて中火で2分ほど炒める。

2 水を加えて煮立たせ、ふたをして弱火で15分ほど、肉に火が通るまで煮る。

3 ココナッツミルクを加えてひと煮立ちさせる。

4 味をみて足りなければ、塩（材料外）を加える。お好みでパクチー（材料外）を添える。

★ 余ったココナッツミルクの保存方法は、P.79 参照。

豆腐ナゲットカレー

豆腐：ひき肉＝1：1で食感はフワフワ。大きめの小判型でボリューム満点です

材料（2人分）

豆腐 ………………………… 150g
　（水きりする）
鶏ひき肉 ……………………… 150g
片栗粉 ………………………… 大さじ1
塩 ……………………………… 小さじ¼
サラダ油 ……………………… 少々
水 ……………………………… 50㎖
牛乳 …………………………… 50㎖
基本のグレイビー ……… ½量
　※ P.12 参照

こんな食材もおすすめ！

豆腐を100g、鶏ひき肉を200gにすると、食べごたえがアップ。

作り方

1 ボウルに豆腐、ひき肉、片栗粉、塩を入れて混ぜて6等分し、小判型に整える。

2 フライパンにサラダ油、1を入れ、中火で両面を焼いてこげめをつける。

3 グレイビー、水を加えて煮立たせ、ふたをして弱火で5分ほど、肉に火が通るまで煮て、牛乳を加えて混ぜ合わせる。

4 味をみて足りなければ、塩（分料外）を加える。

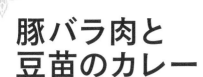

豚バラ肉と
豆苗のカレー

豆苗のさわやかな香りと
豚バラのうまみがヤミツキになる
スパイスカレーです

材料（2人分）

豚バラ薄切り肉 ············· 150g
　（3〜4cm長さに切る）
豆苗 ····························· 1パック
　（2等分の長さに切る）
ヨーグルト（無糖）········· 大さじ1
　（かき混ぜてなめらかにする）
基本のグレイビー ········· ½量
　※ P.12 参照

こんな食材もおすすめ！
脂が多い肉が豆苗と相性がいいので、牛バラ肉もおすすめ。

作り方

1 フライパンにグレイビー、豚肉、豆苗を入れて中火で2分ほど、肉に火が通るまで炒める。

2 ヨーグルトを加えて火を止め、混ぜ合わせる。

3 味をみて足りなければ、塩（材料外）を加える。

★ ヨーグルトは分離しやすいので、かき混ぜてなめらかにして加え、すぐに火を止めて煮立たせないようにする。

ツナと水菜のカレー

材料（2人分）

ツナ（オイル煮缶）…… 1缶・140g
　　※缶汁ごと使う

水菜………………………… 1株
　（4等分の長さに切る）

基本のグレイビー ……½ 量
　　※ P.12 参照

こんな食材もおすすめ！

イワシやサバの缶詰で作っても。水煮よりオイル煮のほうがコクがあるのでおすすめ。

作り方

1 フライパンにツナを缶汁ごと入れ、グレイビー、水菜を加えて中火で2分ほど炒める。

2 味をみて足りなければ、塩（材料外）を加える。お好みでレモン（材料外）を添える。

★ 食べている途中にレモンを絞ると違った味が楽しめる。

絹揚げカレー

和の食材・絹揚げは
スパイスカレーとの相性が
おどろくほどいいのです

材料（2人分）

絹揚げ ························· 1枚・280g
　（8等分に切る）
ココナッツミルク ········ 50㎖
水 ···························· 100㎖
基本のグレイビー ········ ½量
　※ P.12 参照

こんな食材もおすすめ!
絹揚げの代わり
に、木綿豆腐の
厚揚げやがんも
どきを使っても。

作り方

1 フライパンにグレイビー、水、ココナッツミルクを入れて混ぜ、中火で煮立たせる。

2 絹揚げを加えて、ふたをして弱火で5分ほど煮る。

3 味をみて足りなければ、塩（材料外）を加える。お好みでブラックペッパー（材料外）をふる。

★ 余ったココナッツミルクの保存方法は、P.79 参照。

シーフードビリヤニ風

シーフードミックスに米を重ねて炊くから魚介が蒸されてふっくらします

材料（4人分）

シーフードミックス（冷凍）……200g
バター ………………………………10g
塩…………………………………小さじ ½
米……………………………………2合
水…………………………………300㎖
基本のグレイビー ……………全量
　※ P.12 参照

こんな食材もおすすめ!

シーフードミックスを里いもやにんじんなどの根菜ミックスにしても。

作り方

1 炊飯器の釜にグレイビー、凍ったままのシーフードミックス、バター、塩を入れて、その上に洗った米を重ねる。

2 水を加えて炊飯し、お好みでレモン、パクチー（材料外）を散らす。

この香りのスパイスでもっと本格的!

1の最後に、カルダモン（ホール）3粒、シナモンスティック1本、クミンシード小さじ1、スターアニス1かけを入れ、2の行程へ。

土鍋でマサラオムレツ

材料（2人分）

溶き卵 ……………… 2個分
基本のグレイビー …… ½量
　※ P.12 参照
水 ………………… 50㎖

作り方

1 小さい土鍋にグレイビー、水を入れて混ぜ、中火で煮立たせる。

2 溶き卵を加えて混ぜ、ふたをして弱火で5分ほど煮る。

3 火を止め、ふたをしたまま余熱で3分ほどおく。お好みでパクチー（材料外）を散らす。

★ 加熱時間を短くして、卵を半熟に仕上げても。

グレイビーが油揚げと卵にたっぷり染み込んでスパイシー！ごはんが進む味です

卵巾着のスパイス煮もの

材料（2人分）

卵	4個
油揚げ	2枚
（半分に切る）	
Ⓐ しょうゆ	大さじ1
みりん	大さじ1
砂糖	小さじ1
基本のグレイビー	½量
※ P.12 参照	
水	300㎖

作り方

1 油揚げの中を開いて卵を1個ずつ割り入れ、つまようじでとめる。

2 フライパンにⒶを入れて中火で煮立たせ、1を入れて5分ほど煮て、裏返して5分ほど煮る。

マサラパングラタン

材料（2人分）

食パン（8枚切り）……… 2枚
　（小さく切る）
ピザ用チーズ …………… 100g
牛乳 …………………… 100ml
バター ………………… 10g
基本のグレイビー …… ½量
　※ P.12 参照

こんな食材もおすすめ！
かたくなったバゲットでも。ごはんやもちでもおいしくできる。

作り方

1 耐熱皿に牛乳、バター、グレイビー、食パンを入れて混ぜ、電子レンジで1分ほど加熱してさらに混ぜる。

2 チーズをのせ、オーブントースターで3～5分焼く。お好みで乾燥パセリ（材料外）を散らす。

冷めてもおいしい

カレー弁当のススメ

お弁当のおかずに不向きと思われがちなカレー。でも、実はスパイスカレーは、冷めてもおいしいから、お弁当にピッタリなんです！

撮影／印度カリー子（P.38〜39）

Q1 スパイスカレーがお弁当に向いているのはなぜ？

Answer 冷めても味が変わらないから

市販のカレールーには、動物由来の脂肪や小麦粉が含まれています。冷めるとそれらが固まってザラザラとした食感になり、水と油が分離するため、おいしく食べられません。でも、スパイスカレーは小麦粉を使わず、使う油も少なめだから、冷めてもあまり味が変わりません。だから、お弁当のおかずに向いているんです。また、カレーに使われているターメリックには殺菌作用があり、食べ物の腐敗を防ぐ効果があることもお弁当におすすめの理由です。

Q2 カレー弁当におすすめのカレーは？

Answer 野菜や豆、魚介のカレーがおすすめ！

豚肉やラムチョップなどの肉が具材のカレーは、食べ慣れないうちは、冷えてかたまった肉の脂が気になる人もいるかもしれません。最初は野菜やきのこ、豆や魚介のカレーがいいですね。『ひよこ豆のカレー（P.20）』『絹揚げカレー（P.30）』『ほうれん草としめじのカレー（P.44）』などが食べやすいと思います 。

豆腐ナゲットカレー（P.24）

チキンカレー

寒ブリカレー

エビカレー

Q3 どんなお弁当箱を使うといいですか？

Answer 密閉できればなんでもOK！

お弁当箱にはいろいろな種類がありますが、カレー弁当に向いているのは密閉できるタイプならなんでもOK。ちなみに私が使っているのは、インドで買ってきたステンレス製の2段式弁当箱。密閉度が高くてカレーがもれにくく、油やにおいもつきにくいのもいいところ。日本でも購入できますよ。

Q4 カレー弁当がおすすめの季節は？

Answer 夏はとくにスパイスの効果を実感できる！

スパイスには胃腸の働きを活性化し、消化を促すものも多くあるので、食欲の落ちる夏こそスパイスカレー弁当はおすすめです。あえて冷蔵庫でキンキンに冷やして食べるのもおいしいですよ。冷たいごはんがいやなら、そうめんにしても。スパイスカレーとそうめんも相性抜群です。

サバ缶カレー

ほうれん草チキンカレー

\ 家にある容器を使って /
カレー弁当の詰め方バリエ

スープジャー

スープジャーは、具だくさんのカレーを温かいままキープします。ごはんは別容器で持参して。

※入っているのは
チキンカレー（P.16）。

耐熱製の弁当箱

汁けの少ないカレーなら、普通に詰められます。このまま電子レンジも使えます。

※詰めているのは
納豆と鶏ひき肉のキーマカレー（P.18）。

ガラスジャー

いちばん下からカレー、ごはん、生野菜の順に重ねて。これならカレーがもれてきません。サラダ感覚でどうぞ。

※入っているのは
ポークマサラカレー（P.68）。

Part 2

クミン炒めで香り豊かなかんたんエスニックカレー

この章では、クミンパウダーとにんにくが多めのグレイビーを使うので、エスニック色が強いカレーが作れます。具材も個性的で、カレー作りの楽しさを満喫できるレシピばかり。

香り豊かな**クミン多めのグレ**

材料（4人分）

本書のカレーのレシピは2人分なので、
½量のグレイビーで作れます。

玉ねぎ…1個
（1mm幅の薄切り）

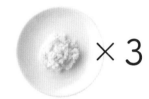

にんにく…3かけ（みじん切り）

しょうが…1かけ
（みじん切り）

塩…小さじ1

サラダ油
…大さじ1

3つのスパイス

ターメリック
…小さじ½

クミンパウダー
…小さじ2

コリアンダー
…小さじ1

イビーの作り方

クミンパウダーとにんにくを多くして、エスニック風味に仕上げたグレイビー。ポイントは、超薄切りの玉ねぎをこげ茶色になるまで炒めること。玉ねぎのとろけるような食感が、カレーの味の決め手に！

作り方

1 にんにく、しょうが、玉ねぎを中〜強火で炒める

フライパンにサラダ油、にんにく、しょうが、玉ねぎを入れ、中〜強火で炒めます。玉ねぎをスライサーで切った場合は5〜10分、包丁で切って玉ねぎが厚くなった場合はそれ以上炒めます。最終的に玉ねぎの水分が抜けて、濃いカレールーのようなこげ茶色になるまで炒めてください。

※玉ねぎを電子レンジで加熱しておくと、炒め時間を短縮できます。

2 スパイスと塩を加えて弱火で炒める

ターメリック、クミンパウダー、コリアンダー、塩を加え、弱火で1分ほど炒めます。スパイスと塩がまんべんなく混ざるように炒めてください。

出来上がり

炒め終わりの色の目安

43

ほうれん草としめじの カレー

野菜たっぷりのヘルシーカレーです 汁けがないので お弁当のおかずとしても◎

材料（2人分）

ほうれん草·························· 1束
　（みじん切りにする）
しめじ ····························· 1パック
　（小分けする）
クミン多めのグレイビー ······ ½量
　※ P.42 参照

こんな食材もおすすめ！
ほうれん草を菜の花や大根葉に。しめじはマッシュルームにしても。

作り方

1 フライパンにグレイビー、ほうれん草、しめじを入れて中火で2分ほど炒める。

2 味をみて足りなければ、塩（材料外）を加える。

★ ほうれん草は電子レンジで1分ほど加熱して水で冷やすとみじん切りしやすくなる。

★ 冷凍ほうれん草をみじん切りにして、解凍せずにそのまま入れてもOK。

最後にひとつまみ加える
かつおぶしが全体の味を
ひとつにまとめます

ソーセージと根菜の
スープカレー

材料（2人分）

ソーセージ······················2本
じゃがいも·······················2個
　（2〜3等分に切る）
にんじん···························½本
　（乱切りにする）
水································300㎖
かつおぶし······················ひとつまみ
クミン多めのグレイビー·····½量
　※ P.42 参照

こんな食材もおすすめ!

さつまいも、大根、かぶ、ブロッコリーなど、好きな野菜を加えて。

作り方

1 フライパンにソーセージ、じゃがいも、にんじん、グレイビー、水を入れて、中火で煮立たせる。

2 ふたをして弱火で15分ほど煮て、かつおぶしを加えて混ぜ合わせる。

3 味をみて足りなければ、塩（材料外）を加える。お好みで乾燥パセリ（材料外）を散らす。

この香りのスパイスでもっと本格的！

最初に、フライパンにサラダ油小さじ1、マスタードシード小さじ½、クミンシード小さじ½を入れて弱火で熱する。マスタードシードが弾けて、クミンシードが泡立ったら1の行程へ。

牛バラ肉と小松菜の カレー

材料（2人分）

牛バラ薄切り肉……………200ｇ
　（3〜4㎝幅に切る）
小松菜 ………………………½束
　（ざく切りにする）
クミン多めのグレイビー……½量
　※ P.42参照

こんな食材もおすすめ！
豚バラ肉で作っても。香りの強い春菊で作ると大人好みの味に。

作り方

1　フライパンにグレイビー、牛肉、小松菜を入れて中火で2分ほど、肉に火が通るまで炒める。

2　味をみて足りなければ、塩（材料外）を加える。

この香りのスパイスでもっと本格的！

最初に、フライパンにサラダ油小さじ1、カルダモン（ホール）3粒、スターアニス1かけを入れて弱火で熱する。カルダモンがふくらみ始めたら、クミンシード小さじ½を入れ、クミンシードが泡立ったら1の行程へ。

丸ごとイワシと梅干しのカレー

梅干しの酸味と甘みが味の決め手に！少し甘めのものがおすすめです

材料（2人分）

イワシ ……………………… 2尾
　（はらわたをとる）

梅干し ……………………… 15g
　（種をとる）

水 ………………………… 150㎖

クミン多めのグレイビー …… ½量
　※ P.42 参照

こんな食材もおすすめ！
アジやサバ、サンマなど青背の魚ならなんでもOK！

作り方

1 フライパンにグレイビー、水を入れて中火で煮立たせ、イワシと梅干しを加えて、ふたをして弱火で5分ほど煮て、裏返してさらに5分ほど煮る。

2 味をみて足りなければ、塩（材料外）を加える。お好みでパクチー（材料外）を散らす。

この香りのスパイスでもっと本格的！

最初に、フライパンにサラダ油小さじ1、カルダモン（ホール）2粒を入れて弱火で熱する。カルダモンがふくらみ始めたら、クミンシード小さじ½、マスタードシード小さじ½を入れ、クミンシードが泡立ち、マスタードシードが弾けたら1の行程へ。

サバ缶カレー

ココナッツミルクにレモンと砂糖を加えて深みのある味に仕上げています

材料（2人分）

サバ（水煮缶）……………… 1缶・180〜200g
　　※缶汁ごと使う

ココナッツミルク…………… 100㎖

レモン汁または酢………… 大さじ1

砂糖………………………… 小さじ1

クミン多めのグレイビー…… ½量
　　※ P.42 参照

こんな食材もおすすめ！

サバではなく、イワシやサンマの水煮の缶詰でも OK。

作り方

1 フライパンにグレイビー、ココナッツミルクを入れて混ぜ合わせる。

2 サバを缶汁ごと入れ、レモン汁、砂糖を加え、中火で煮立たせ、ふたをして弱火で5分ほど煮る。

3 味をみて足りなければ、塩（材料外）を加える。お好みでパクチー、レモン（材料外）を添える。

★ 余ったココナッツミルクの保存方法は、P.79 参照。

この香りのスパイスでもっと本格的！

最初に、フライパンにサラダ油小さじ1、カルダモン（ホール）3粒を入れて弱火で熱する。カルダモンがふくらみ始めたらマスタードシード小さじ½を入れ、マスタードシードが弾けたら1の行程へ。

かぼちゃと鶏肉のカレー

材料（2人分）

かぼちゃ……………………… 200g
　（ひと口大に切る）
鶏もも肉…………………… 200g
　（ひと口大に切る）
生クリーム ………………… 100㎖
水 ………………………… 100㎖
クミン多めのグレイビー…… ½量
　※ P.42 参照

こんな食材もおすすめ！
鶏むね肉で作る
とあっさりした
味わいに。鶏ひ
き肉でも◎。

作り方

1 フライパンにグレイビー、鶏肉を入れて、中火で2分ほど炒める。水、かぼちゃを加えて煮立たせ、ふたをして弱火で10分ほど、肉に火が通るまで煮る。

2 生クリームを加えて火を止め、へらでかぼちゃを半分つぶして混ぜ合わせる。

3 味をみて足りなければ塩（分量外）を加える。お好みでピンクペッパー（材料外）を散らす。

★ 余った生クリームの保存方法は、P.79 参照。

この香りのスパイスでもっと本格的！

最初に、フライパンにサラダ油小さじ1、カルダモン（ホール）3粒、シナモンスティック1本を入れて弱火で熱する。カルダモンがふくらんだら1の行程へ。

エビとトマトのカレー

エビのだしとトマトの酸味で芳醇な味わい。レストランさながらのリッチなカレーです

材料（2人分）

エビ ……………………… 8尾	
（背わたをとる）	
ミニトマト ……………… 8個	
（へたをとる）	
ココナッツミルク ………… 50㎖	
水 …………………………… 100㎖	
クミン多めのグレイビー …… ½量	
※ P.42 参照	

こんな食材もおすすめ!

冷凍むきエビを使うとかんたん。シーフードミックスを使っても。

作り方

1 フライパンにグレイビー、水、ココナッツミルクを入れて、中火で煮立たせる。

2 エビとトマトを加え、ふたをして3分ほど、エビの色が変わるまで煮る。

3 味をみて足りなければ塩（材料外）を加える。お好みでパクチー（材料外）を散らす。

★ 余ったココナッツミルクの保存方法は、P.79 参照。

この香りのスパイスでもっと本格的！

最初に、フライパンにサラダ油小さじ1、カルダモン（ホール）3粒、スターアニス1かけを入れて弱火で熱する。カルダモンがふくらみ始めたら、マスタードシード小さじ½を入れ、マスタードシードが弾けたら1の行程へ。

スパイスハンバーグ

玉ねぎたっぷりのグレイビーと
刻んだパクチーの
エスニック風味のハンバーグです

材料（2人分）

合いびき肉 …………………… 300g

クミン多めのグレイビー ……½量
　※ P.42 参照

パクチー …………………… 1束
（みじん切りにする）

こんな食材もおすすめ！
ピザ用チーズを
包んで焼いて
チーズハンバーグ
にしても美味。

作り方

1　ボウルにひき肉、グレイビー、パクチーを入れて混ぜて2等分にし、丸める。

2　フライパンに1を並べ、中火で両面にこんがりと焼き目をつける。

3　ふたをして弱火で10分ほど、肉に火が通るまで蒸し焼きにする。ふたをとり中火で汁けを飛ばす。お好みでレモン（材料外）を添える。

★ 食べるときにレモンを絞ったり、ケチャップやチリソースをかけて。

キャベツは外葉と芯も入れて炒めるといろいろな食感が楽しめます

キャベツとひき肉の グレイビー炒め

材料（2人分）

キャベツ……………………⅛玉
（ざく切りにする）

豚ひき肉…………………………150g

ヨーグルト（無糖）………大さじ1
（かき混ぜてなめらかにする）

クミン多めのグレイビー ……½量
　※ P.42 参照

作り方

1 フライパンにグレイビー、ひき肉、キャベツを入れ、中火で2分ほど、肉に火が通るまで炒める。

2 キャベツがしんなりしたら火を止め、ヨーグルトを加えて混ぜ合わせる。

ターメリックをまぶすとレバー特有の臭みが消えて食べやすくなります

レバーマサラ

材料（2人分）

鶏レバー……………………250g
　（流水で血を洗い流し、ペーパータオルで水けをふく）
ヨーグルト（無糖）…………大さじ1
　（かき混ぜてなめらかにする）
クミン多めのグレイビー……½量
　※ P.42 参照
ターメリック ………………小さじ½

作り方

1　レバーにターメリックをまぶす。

2　フライパンにグレイビー、1を入れて中火で2分ほど炒める。

3　ふたをして弱火で6分ほど蒸し焼きにして、余熱で6分ほどおいて火を通す。ヨーグルトを加えて混ぜる。お好みでパクチー（材料外）を散らす。

ひとつの生地で作る

4つのかんたんナン

インド料理店などのナンは特殊な釜で焼かれていますが、これはフライパンで焼けるかんたんレシピ。カレーを始め、りんごやあんこを包んだ変わりナンはおやつ感覚で楽しめます。

プレーンナンに添えているのは、納豆と鶏ひき肉のキーマカレー（P.18）。

プレーンナン

フライパンで焼けて
ふっくらモチモチ!

材料(4枚分)

強力粉 ···················· 250g
水 ······························ 150g
サラダ油 ················· 15g
バター ····················· 15g(電子レンジで10秒加熱して溶かす)
砂糖 ··························· 4g
塩 ······························· 4g
ドライイースト ······· 3g

作り方

1 ボウルに強力粉、砂糖、塩、ドライイースト、サラダ油、バターを入れてよく混ぜ合わせる。水を少しずつ加えて混ぜながらよくこねる。

2 生地がまとまってきたらひとつに丸め、ぬれ布巾をかけて常温におき、30分〜1時間発酵させる。

3 生地が2倍くらいにふくらんだら4等分し、平たくのばして涙型に成形する。

4 フライパンにふたをして、中火で熱して温めてから3をおき、すぐにふたをして中火で15秒ほど焼いて裏返す。すぐにふたをして、弱火で2分ほど焼き、さらに裏返してすぐにふたをして2分ほど焼く。

※ナンは焼いた後に粗熱をとり、冷凍用保存袋に入れて冷凍すると1カ月ほど保存できます。食べるときは、ぬれ布巾に包んで電子レンジで10〜30秒加熱して。

＼ プレーンナンの生地(P.63)で作る ／
3つの変わりナン

りんごスティックナン

耐熱ボウルに、りんごの薄切り（½個分）、砂糖（大さじ1）、シナモンパウダー・塩（各耳かき1杯）を入れ、ふんわりラップをして、電子レンジで2分ほど加熱し、粗熱をとる。ナン生地を長方形にのばして、生地の端にりんごをのせて巻き込み、棒状に包んでプレーンナンと同様に焼く。

カレーナン

ナン生地を丸くのばし、お好みのスパイスカレー（大さじ2）の汁けをきってのせて包み、平たい丸にして、プレーンナンと同様に焼く。

※ツナと水菜のカレー（P.28）、納豆と鶏ひき肉のキーマカレー（P.18）、かぼちゃと鶏肉のカレー（P.54）、ポークマサラカレー（P.68）などがおすすめ。

あんこチーズナン

ナン生地を丸くのばし、粒あん（大さじ2）、クリームチーズ（20g）をのせて包み、平たい丸にして、プレーンナンと同様に焼く。

Part 3

ナッツを加えて
リッチな味わい
極上まろやかカレー

カシューナッツ入りのグレイビーを使って、レストランの味さながらのバターチキンカレーやラムチョップカレーなど、リッチ・テイストのカレーが作れます。おもてなしにもピッタリ！

リッチな**ナッツ入りのグレ**

材料（4人分）

本書のカレーのレシピは2人分なので、
½量のグレイビーで作れます。

玉ねぎ…1個（みじん切り）

トマト…大1個（ざく切り）
※またはトマト（水煮缶）200g

 ×2

にんにく…2かけ
（みじん切り）

しょうが…1かけ
（みじん切り）

サラダ油
…大さじ1

塩…小さじ1

3つのスパイス

ターメリック
…小さじ½

クミンパウダー
…小さじ1

 ×2

コリアンダー
…小さじ2

カシューナッツ
…30g
※フードプロセッサーや
ミルサーで粉末にする。

イビーの作り方

カシューナッツをフードプロセッサーやミルサーで粉状にして加えたリッチなグレイビー。トマトとコリアンダーの量を増やして、甘みと酸味を強調しています。バターチキンカレーなど、まろやかなカレーを作りたいときに。

作り方

1 にんにく、しょうが、玉ねぎを中〜強火で炒める

フライパンにサラダ油、にんにく、しょうが、玉ねぎを入れ、中〜強火で10〜15分炒めます。最終的に玉ねぎの水分が抜けて、濃いカレールーのようなこげ茶色になるまで炒めてください。

※玉ねぎを電子レンジで加熱しておくと、炒め時間を短縮できます。
※炒め終わりの色の目安は P.13 参照。

2 トマトを加えて中火で炒める

トマトを加え、中火で2〜3分炒める。トマトの果実が崩れ、水分が抜けてペースト状になり、皮が縮れるまで炒めます。

※炒め終わりの色の目安は P.14 参照。

3 スパイスと塩とナッツを加えて弱火で炒める

ターメリック、クミンパウダー、コリアンダー、塩、粉状のカシューナッツを加え、弱火で1分ほど炒めます。スパイスとカシューナッツと塩がまんべんなく混ざるように炒めてください。

※カシューナッツは製菓用のアーモンドプードル 30g におき替えても。

混ぜて炒める

出来上がり

ポークマサラカレー

材料(2人分)

豚肩ロースブロック肉……… 300g
　（ひと口大に切る）
水………………………… 100㎖
ナッツ入りのグレイビー …… ½ 量
　※ P.66 参照

こんな食材もおすすめ！
骨つき肉でもおいしくできる。その場合、煮る時間を5分延長して。

作り方

1 フライパンにグレイビー、豚肉を入れ、中火で2分ほど炒める。

2 水を加えて煮立たせ、ふたをして弱火で8分ほど、肉に火が通るまで煮る。

3 味をみて足りなければ、塩（材料外）を加える。お好みでブラックペッパー（材料外）をふる。

バターチキンカレー

材料（2人分）

鶏もも肉	250g
（ひと口大に切る）	
生クリーム	50mℓ
水	100mℓ
バター	10g
ナッツ入りのグレイビー	½量

※ P.66 参照

こんな食材もおすすめ！

鶏肉ではなく、エビやホタテなどの魚介類を入れてもおいしい。

作り方

1 フライパンにグレイビー、鶏肉、バターを入れて、中火で2分ほど炒め、水を加えて煮立たせる。

2 ふたをして弱火で8分ほど、肉に火が通るまで煮て、生クリームを加えて火を止め、混ぜ合わせる。

3 味をみて足りなければ、塩（材料外）を加える。

★ 甘めが好みなら、はちみつや砂糖大さじ1〜2を加えて。

★ 余った生クリームの保存方法は、P.79 参照。

この香りのスパイスでもっと本格的！

最初に、フライパンにバター10g、カルダモン（ホール）3粒、シナモンスティック1本、スターアニス1かけを入れて弱火で熱する。カルダモンがふくらみ始めたら、クミンシード小さじ½を入れ、クミンシードが泡立ったら1の行程へ。そして、1ではバターは入れないで。

ラムチョップのカレー

材料（2人分）

ラムチョップ ················· 4本
水 ································· 150㎖
ヨーグルト（無糖） ············ 80g
　（かき混ぜてなめらかにする）
ナッツ入りのグレイビー ····· ½量
　※ P.66 参照

こんな食材もおすすめ！
ラムは薄切り肉250ｇでも。その場合、水は100㎖、煮る時間は5分ほどにして。

作り方

1 フライパンにグレイビー、ラムチョップを入れて中火で2分ほど炒める。

2 水を加えて煮立たせ、ふたをして弱火で15分ほど、肉に火が通るまで煮て、ヨーグルトを加えて火を止め、混ぜ合わせる。

3 味をみて足りなければ、塩（材料外）を加える。

★ ヨーグルトは分離しやすいので、かき混ぜてなめらかにして加え、すぐに火を止めて煮立たせないようにする。

この香りのスパイスでもっと本格的！

最初に、フライパンにサラダ油小さじ1、カルダモン（ホール）2粒、シナモンスティック1本を入れて弱火で熱する。カルダモンがふくらみ始めたら、マスタードシード小さじ½を入れ、マスタードシードが弾けたら1の行程へ。

エビの濃厚
スパイスパスタ

グレイビーに豆乳を加えた
マイルドな辛みソースが
パスタにしっかり絡みます

材料（1人分）

エビ………………………… 4尾
無調整豆乳………………… 150㎖
スパゲティ（乾）………… 100g
ナッツ入りのグレイビー…… ½量
　※ P.66 参照

こんな食材もおすすめ！

冷凍のシーフー
ドミックスや生
のイカやカキ
でもおいしい。

作り方

1　スパゲティは袋に記載された時間通りにゆでる。

2　フライパンにグレイビー、エビ、豆乳を加えて中火でエビの色が
　変わるまで煮立たせたらすぐに火を止め、1を加えて絡める。お
　好みでパクチー（材料外）を散らす。

グレイビーとマヨネーズのかんたんディップが絶品です

スパイス温野菜

材料（2人分）

ソーセージ……………………2本
　（ひと口大に切る）

にんじん………………………½本
　（乱切りにする）

カリフラワー…………………½株
　（小房に分ける）

ブロッコリー…………………½株
　（小房に分ける）

ナッツ入りのグレイビー……大さじ1
　※ P.66 参照

マヨネーズ……………………大さじ1

作り方

1　耐熱容器にソーセージ、にんじん、カリフラワー、ブロッコリーを入れて、ふんわりとラップをし、電子レンジで3〜4分加熱する。

2　ボウルにグレイビー、マヨネーズを入れて混ぜてディップを作り、1につけて食べる。

牛肉ゴロゴロ！
にんにくたっぷりの
パワー系ごはんです

エナジーライス

牛肩ロース厚切り肉 ········ 150g
　（ひと口大に切る）
にんにく ························· 1 かけ
　（薄切りにする）
ごはん ····················· 茶碗 2 杯分
ナッツ入りのグレイビー ····· ½ 量
　※ P.66 参照
サラダ油 ·················· 大さじ 1

作り方

1　フライパンにサラダ油、にんにくを入れ、弱火で熱する。にんにくの香りがしてきたら、牛肉を加えて中火で2分ほど炒める。

2　グレイビー、ごはんを加えて炒め合わせ、塩（材料外）で味を整える。お好みでブラックペッパー（材料外）をかける。

スパイスカレーのQ&A

スパイスカレー作りにまつわる、さまざまな疑問に
ついてお答えします。これでさらにスパイスカレー
がうまく作れるようになるはず！

Q1 レシピの人数分以上を作りたいときはどうするの？

Answer グレイビー、具材、ベースは、作りたい人数分の量にしてください。ただし、水は一度に作る量が増えても蒸発量は変わらないので、人数分の量よりもやや少なめにしましょう。塩は、味をみて、足りなければ加えてください。

Q2 ホールとパウダースパイスの違いは？

Answer 植物の種や樹皮を原型のまま乾燥させたのがホールスパイス。それを粉末にしたのがパウダースパイス。ホールは油と熱して香りを引き出して使います。パウダーは加熱し過ぎると香りが飛ぶので、弱火で火を通します。同じスパイスでも、ホールとパウダーは香りが違います。ごまと同じです。

Q3 ホールスパイスが「ふくらむ」とはどんな状態のこと？

Answer スパイスによって、油で熱したときの様子が違います。ふくらむのは、カルダモン（ホール）。加熱することで圧がかかってふくらみ、ひとまわり大きくなります。クミンシードは熱くなると泡が立ってきて、マスタードシードは弾け始めます。シナモンスティックとスターアニスはかたいので見た目の変化がわかりにくいです。

カルダモン（ホール）の場合

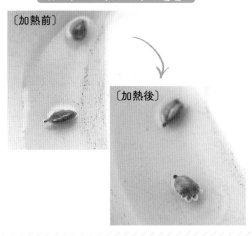

〔加熱前〕

〔加熱後〕

Q4 ベースを加えるときに気をつけることは?

Answer ベースが水やココナッツミルクの場合は、中火で煮立たせることでほかの具材となじむようになります。ベースがヨーグルト、生クリームの場合は、加熱し過ぎると分離するので、加えたらすぐに火を止めます。牛乳、豆乳も加熱し過ぎると分離しやすいので注意しましょう。

Q5 玉ねぎの炒め具合の見分け方は?

Answer 玉ねぎを炒めるときは、よく「あめ色に炒める」と表現しますが、スパイスカレーの場合は、あめ色では炒め足りないです。あめ色を通り越し、カレールーのようなこげ茶色になるまで炒めてください。玉ねぎの大きさが不均一だと、内部までしっかり炒められる前にこげることがあります。玉ねぎはできるだけ細かく、大きさをそろえて切ってください。慣れないうちは、ところどころ黒くこげた玉ねぎが混じっても大丈夫。ただ、フライパンのこげつきは入れないようにしてください。苦味の原因になります。

Q6 ココナッツミルク、生クリームなどが余ったときは?

Answer どちらも冷凍保存が可能です。密閉容器に入れて冷凍すれば、1カ月ほど保存可能。製氷皿に分けて凍らせておいてもいいですね。使いたいときに電子レンジで加熱して解凍すればOK。

Q7 カレーがシャバシャバになったのはなぜ?

Answer グレイビーの玉ねぎが大きいと、こげ茶色になるまでしっかり炒めても、玉ねぎの水分が抜けきらないため、カレーを作るときに水分が出てきてシャバシャバになることがあります。こげ茶色になるまで、水分を抜くようにして炒めてください。トマトも同様です。シャバシャバな状態がいやなら、強火でさっと煮立たせて水分を蒸発させて。シャバシャバのままでも、食べるときにごはんと一体化するように、よく混ぜ合わせるとおいしくなります。

Q8 おすすめのフライパンはありますか?

Answer 普通のフッ素樹脂加工のフライパンでふたつきのものがいいでしょう。平たいフライパンよりも深型タイプのほうがグレイビーを炒めるときに玉ねぎなどが飛び散りにくく、炒めやすいです。

ふたつき深型フライパン（直径26cm）。ガラス製のふたは中が見えて調理しやすい。

Q9 IHコンロでも作れますか?

Answer IHコンロ対応のフッ素樹脂加工のフライパンがあれば作れます。ガスコンロと火力が違うので、火力が足りないと思ったら、レシピで「中〜強火」としているところは最大火力で炒めてみてください。

Q10 味がぼやけているときは?

Answer 塩が不足しているのかも。うまみやコクは塩によって引き出されます。カレーが出来上がったら、必ず味をみて塩を足してください。塩は少量ずつ加え、そのつど混ぜ合わせ、味が落ちつくまで塩を加えてください。

Q11 辛くし過ぎたときは?

Answer ブラックペッパーやレッドチリパウダーを入れ過ぎたときは、砂糖やはちみつなどの甘みを足しても辛みが和らぐことはありません。辛くし過ぎたカレーは、ヨーグルトやラッシーなどの冷たい乳製品と一緒に食べると辛みの感じ方が和らぎます。

Q12 ホールスパイスはそのまま食べてもいいの?

Answer スターアニスやシナモンスティックなど、かたいものは調理の最後か、食べるときに取り除いてください。クミンシード、マスタードシード、カルダモン（ホール）はそのまま食べられます。かむと味が変わるので、それを楽しめるようになったらカレー通!

Part 4
いつもの料理に
スパイスをプラスして
脱マンネリ！

スパイスって個性が強くて使いづらい…という印象があるかも。でも、普段のおかずにスパイスを加えてみると、マンネリ化していた料理がいつもよりおいしく生まれ変わるんです。

クミン風味の
カリカリ手羽元

クミンパウダーは食欲増進の
効果アリ！ にんにくと
しょうがで香りも豊かです

材料（2人分）

鶏手羽元	………………………	6本
Ⓐ 塩	………………………	小さじ1
クミンパウダー	………………	小さじ1
しょうが（すりおろし）	……	小さじ1
にんにく（すりおろし）	……	小さじ1
ブラックペッパー	……………	小さじ¼
片栗粉	………………………	大さじ1
サラダ油	……………………	適量

こんな食材もおすすめ！

鶏手羽先やスペアリブ、ラムチョップなど骨つき肉ならなんでも。

作り方

1 ポリ袋にⒶを入れて混ぜ、手羽元を加えて、よくすり合わせ、10分以上おいて味を染み込ませる。

スパイスはここで

2 1に片栗粉を加えてすり合わせる。

3 フライパンにサラダ油を熱し、2を入れて表裏を返しながら弱火で9分ほど、肉に火が通るまで揚げ焼きし、中火にして表面をまんべんなく1分ほど焼いてカリッと仕上げる。

★ 手羽元はⒶにひと晩漬け込んでから焼くと、もっとおいしくなる。

シナモンハニーポーク

ワインとはちみつに漬け込むことでお肉がとってもやわらかくなるんです

材料（2人分）

豚肩ロース厚切り肉	2枚・250g
Ⓐ 赤ワイン	大さじ1
はちみつ	大さじ1
シナモンパウダー	小さじ ½
塩	小さじ ½
サラダ油	大さじ1

こんな食材もおすすめ！

鶏肉や牛肉でもOK。赤ワインを白ワインに変えるのもおすすめ。

作り方

1 ポリ袋にⒶを入れて混ぜ、豚肉を加えて、よくすり合わせ、10分以上おいて味を染み込ませる。

スパイスはここで

2 フライパンにサラダ油、1を入れて、中火で2分ほど、こげ目がつくまで焼いて、ひっくり返し、ふたをして弱火で3分ほど、肉に火が通るまで焼く。

★ 豚肉はⒶにひと晩漬け込んでから焼くと、もっとおいしくなる。

牛肉のカルダモン＆
レモン煮込み

材料（2人分）

牛肩ロースブロック肉………… 300g
　（ひと口大に切る）
レモン（輪切り）……………… 3枚
白ワイン………………………… 50㎖
サラダ油………………………… 大さじ 1
カルダモン（ホール）………… 5粒
マスタードシード（あれば）… 小さじ ½

こんな食材もおすすめ！
豚でも鶏でも
OK。白身魚や
イカなどの魚介
との相性も◎。

作り方

1 フライパンにサラダ油、マスタードシード、カルダモンを入れ、弱火で熱する。マスタードシードが弾け始めたら、牛肉を加えて 2 分ほど炒める。

スパイスは
ここで

2 白ワインを加え、牛肉の上にレモンを置いてふたをして弱火で 5 分ほど、肉に火が通るまで蒸し煮する。

3 ふたをとり、中火で 1 分ほど煮てワインのアルコール分を飛ばす。

スパイスぎょうざ

材料（20個分）

豚ひき肉	200g
キャベツ	⅛個・200g
（みじん切りにする）	
ぎょうざの皮	20枚
塩	小さじ½
Ⓐ にんにく・しょうが（すりおろし）	各小さじ1
クミンパウダー	小さじ1
ターメリック	小さじ1
塩	小さじ1
Ⓑ ケチャップ	大さじ2
にんにく（すりおろし）	小さじ½
レッドチリパウダー	小さじ1/10
サラダ油	適量

こんな食材もおすすめ！

キャベツじゃなくて、白菜でも。パクチーを刻んで加えても。

作り方

1 ボウルにキャベツ、塩を入れて混ぜ、10分ほどおいて、水けをギュッとしぼる。

2 1にひき肉、Ⓐを入れて混ぜ、ぎょうざの皮で包む。

スパイスはここで

3 フライパンに2を並べ、湯100㎖（材料外）を加えて、ふたをして中火で7分ほど蒸し焼きにして、ふたをあけ、全体にサラダ油をまわしかけ、中火で2分ほど焼く。

4 混ぜ合わせたⒷを電子レンジで20秒ほど加熱して添える。

甘辛スパイスそぼろ

材料（2人分）

豚ひき肉························200g
しょうが（薄切り）··········1枚
長ねぎ ·························10cm
　（みじん切りにする）
しいたけ·······················3枚
　（小さく切る）
Ⓐ
｜ 酒 ························大さじ2
　 しょうゆ ·················大さじ2
｜ 砂糖 ·····················大さじ1
サラダ油·····················大さじ1
スターアニス ···············1かけ
シナモンスティック········1本
かつおぶし ···············ひとつまみ

こんな食材もおすすめ！

サラダ油の半量をゴマ油に変えるとさらに香り豊かになる。

作り方

1 フライパンにサラダ油、スターアニス、シナモンスティックを入れ、中火で1分ほど熱する。

スパイスはここで

2 ひき肉、しょうが、長ねぎ、しいたけを加えて中火で2分ほど、肉に火が通るまで炒める。

3 Ⓐ、かつおぶしを加えて混ぜ、ひと煮立ちさせる。味をみて足りなければ、塩（材料外）を加える。

★ 仕上げにごま油をまわしかけると風味がUP。

★ 甘辛スパイスそぼろは、うどんやそうめんなど、冷たい麺とあえても美味。

クミンを効かせて
エスニック風味に仕上げた
かんたんサラダです

スモークサーモンと
クルミのマリネサラダ

材料（2人分）

スモークサーモン ……… 10枚

玉ねぎ ……………………… ½玉
（薄切りにして水にさらす）

クルミ …………………… 5粒（粗く砕く）

Ⓐ 砂糖 …………………… 小さじ1
酢 ……………………… 小さじ1
塩 ……………………… 小さじ¼

サラダ油 ………………… 小さじ1

クミンシード …………… 小さじ½

こんな食材もおすすめ!
スモークサーモンを刺し身用のサーモンに変えても。

作り方

スパイスはここで

1 フライパンにサラダ油、クミンシードを入れ、弱火で熱し、クミンシード全体が泡立って浮いてきたら火を止め、Ⓐを加えて混ぜる。

2 スモークサーモン、玉ねぎ、クルミを加えてあえる。

ブリあらとしょうがの
ターメリック煮込み

材料（2人分）

ブリのあら	800g
しょうが（薄切り）	10枚
水	500㎖
塩	小さじ1
ターメリック	小さじ1

こんな食材もおすすめ！

ブリに限らず、サバなどの切り身も同じように煮込むとおいしい。

作り方

1 ざるにのせたブリのあらに熱湯を回しかけ、魚の臭みをとる。

2 流水で汚れや血を流して、水けをふきとったあと、塩とターメリックをブリのあらにすりこむ。

スパイスは
ここで

3 フライパンに水を入れ、中火で沸騰させ、2、しょうがを入れてふたをして20分ほど煮る。

4 ふたをとり、強火で汁けを飛ばして塩（分量外）で味を整える。

アサリとブロッコリーの豆乳スープ

マスタードシードのナッツのような香りとほのかな酸味がスープに溶け出します

材料（2人分）

アサリ ……………………20個
　（砂抜きをする）
ブロッコリー……………6房
無調整豆乳………………300㎖
サラダ油…………………大さじ1
マスタードシード ……小さじ½
塩…………………………小さじ¼

こんな食材もおすすめ!
マスタードシードは乳製品とも合うので、豆乳を牛乳にしても。

作り方

スパイスはここで

1　フライパンにサラダ油、マスタードシードを入れて中火で熱し、マスタードシード全体が弾けてきたら、アサリ、ブロッコリー、塩を加えて混ぜ合わせ、ふたをして弱火で2分ほど蒸し煮する。

2　豆乳を加えてひと煮立ちさせる。

ピリ辛紅葉みぞれ豚

材料（2人分）

豚バラ薄切り肉 ············· 200g
　（3～4cm長さに切る）
水菜 ··························· 2株
　（3等分の長さに切る）
大根おろし ··················· 10cm分
　（水けをしぼる）
Ⓐ｜しょうゆ ·············· 大さじ2
　｜酢 ····················· 大さじ1
　｜みりん ·············· 大さじ1
　｜砂糖 ················· 小さじ1
レッドチリパウダー ······ 小さじ⅛

こんな食材もおすすめ！
薄切り肉ならなんでもOK。牛肉やラム肉もおいしい。

作り方

1　フライパンに豚肉を入れ、中火で1分ほど、肉に火が通るまで炒め、Ⓐを加える。

2　ひと煮立ちしたら、水菜を加え混ぜて火を止め、余熱で火を通し、器に盛る。

3　ボウルに大根おろし、レッドチリパウダーを入れて混ぜ合わせ、2に盛る。

スパイスはここで

★ レッドチリパウダーは辛いので、入れ過ぎに注意して。

ビーフンのクミン炒め

和風の味つけなのに
クミンシードを加えるだけで
エスニック風味になります

材料（2人分）

豚ひき肉	200g
ビーフン（乾）（ほぐす）	80g
にんじん（薄い拍子木切りにする）	½本
えのきだけ（石づきを切る）	½パック
水	100㎖
Ⓐ みそ	大さじ1
しょうゆ	大さじ1
酒	大さじ1
ごま油	大さじ1
クミンシード	小さじ1

こんな食材もおすすめ！
野菜はもやしやニラ、ピーマン、キャベツなんでもOK。

作り方

スパイスはここで

1 フライパンにごま油、クミンシードを入れて中火で熱し、クミンシード全体が泡立ってきたら、ひき肉、にんじんを加えて中火で1分ほど炒める。

2 Ⓐを加えてよく混ぜ合わせ、水、ビーフンを加えてふたをして弱火で2分ほど蒸し煮する。

3 ふたをとり、中火で汁けを飛ばし、えのきだけを加えて火を止め、ふたをして余熱で火を通す。お好みでパクチー（材料外）を添える。

"ちょい足し"で
朝昼夜もスパイス三昧

スーパーで買ってきたおかずやおやつにスパイスをちょい足しするだけで、いつもと違う異国テイストに早変わり。あれこれ試して、自分好みの組み合わせを見つけましょう。

> **ちょい足しスパイスのお約束**
> スパイスの量はお好みですが、まずは**1人分小さじ1/10程度**から試してみて。物足りないときは少しずつ量を増やしていきましょう。

朝ごはんに ＋スパイス

卵かけごはん × クミンパウダー

卵＆しょうゆと相性がいいのがクミンパウダー。ほんのりスパイシーなエスニック風味に。

みそ汁 × ターメリック

みそ汁にターメリックを混ぜるだけ。
ほっこりやさしい香りは朝にぴったり。

コーンスープ × コリアンダー

コリアンダーのさわやかな香りでインスタントのコーンスープの味が格上げされる。

ジャムトースト × スターアニス

いちごジャムにスターアニスの甘みのあるスパイシーな香りがマッチ！　いつものジャムが奥行きのある味に変わる。

※スターアニスをおろし器で削って使う。

ヨーグルト × カルダモンパウダー

清涼感のあるカルダモンの香りがヨーグルトのさっぱりとした酸味と相性抜群。甘みははちみつなどをお好みで。

朝ごはんにおすすめ！ オーバーナイトオーツ

密閉容器にシナモンスティック、お好みのドライフルーツ（いちじくやマンゴーなど）、オートミールを入れ、水と豆乳を全体が浸るまで加えて冷蔵庫で冷やすだけ。翌朝にはドライフルーツがふっくらと戻り、食べごろになる。やわらかい食感が好きなら、２晩冷やしても。

材料（1人分）

シナモンスティック	1本
お好みのドライフルーツ	50g
オートミール	50g
豆乳	150㎖
水	150㎖

昼ごはんに ＋スパイス

持ち帰り寿司 ✕ クミンパウダー

しょうゆにマヨネーズとクミンパウダーを混ぜるだけでエスニック風味に。相性抜群！

焼きそば弁当 ✕ スターアニス

スターアニスを麺にうずめて、電子レンジで加熱して混ぜると台湾風焼きそばに変身。

冷凍チャーハン ✕ ターメリック

ターメリックを散らし、電子レンジで加熱してよく混ぜるだけ。ほんのり黄色のカレー味に。

ピザ

×

コリアンダー

コリアンダーはトマト
ソース＆チーズとの
相性が抜群！ さ
わやかな味わいに。

サンドイッチ

×

クミンパウダー

ツナや卵サラダなど、
マヨネーズ味のフィリン
グとクミンパウダーが
マッチ！

クリームパン

×

シナモンパウダー

シナモンとカスタード
クリームは、甘い香
りが一層引き立つす
てきな組み合わせ。

おやつに
＋スパイス

大福 × **シナモンパウダー**

あんことシナモンで、生八つ橋みたいな味に。

ポテトチップス
×
コリアンダー

袋の中にコリアンダーを加えてシャカシャカふるだけ。さわやかな香りで、いつものポテチがイメージチェンジ。

プリン ×
シナモンパウダー

シナモンをひとふりするだけで、大人好みの洗練された甘みになるから不思議。

アメリカンドッグ

×

コリアンダー

コリアンダーを散らす
だけで、ジャンクな
おやつがさわやかで
おしゃれに大変身！

アイスクリーム

×

カルダモンパウダー

カルダモンの香りで、
リッチな味に。まる
でインドのアイス「ク
ルフィ風」。

揚げせんべい

×

ブラックペッパー

せんべい×ブラックペッ
パーは、まちがいない
組み合わせ。ピリ辛味
がクセになる。

サンマのかば焼き ✕ コリアンダー

コリアンダーの香りは山椒
のような爽快感があるので、
甘辛だれと相性抜群！

ミックスナッツ（塩味）
✕
シナモンパウダー

シナモンの甘い香りが
加わり、リッチなおつ
まみに。さらにはちみ
つをかけても美味。

焼き鳥
✕
スターアニス

焼き鳥のたれにスター
アニスを入れて、電子
レンジで温めるだけ
で台湾風に！

カマンベールチーズ
×
コリアンダー

チーズのうまみをコリアンダーの清涼感が引き立てる。フレンチの前菜みたいなおしゃれな味に！

おでん
×
ターメリック

ターメリックがだしの香りとうまみを際立たせる。だしに少量加えて混ぜ合わせ、電子レンジで温めるだけ。

枝豆 × レッドチリパウダー

枝豆に粉チーズ、レッドチリパウダーを散らすだけ。チリの辛みをチーズがマイルドに和らげ、後引く味に。

あとがき

3つのスパイスで作るカレーとスパイス料理をお楽しみいただけた
でしょうか?

みそ汁にわかめ、豆腐、長ねぎなど、いろいろな味があるように、
カレーも合わせる食材によってさまざまな味が生まれます。本書のレシ
ピをもとに、ご自身の好みのカレーを見つけていただけたら幸いです。

初めてのレシピでカレーを作っていくと、この味は本当に正しいのだろ
うか? レシピ通りに作れているのだろうか? と思うことがあるかもしれま
せん。

私は、できたカレーが「おいしい!」と思えれば、大正解だと思って
います。レシピ通りに再現してほしいわけではなく、おいしいカレーが
みなさんのいつもの食卓で生まれればなによりで、それが一番うれしい
ことです。

カレー作りにおいて最も大切なことは、スパイスの調合ではなく、
自分自身やだれかのためにカレーを作ろうと思う、その気持ち。
今日も明日も、新しいカレーに出会える感動で、食卓に笑顔が
あふれますように。

印度カリー子（いんどかりーこ）

スパイス料理研究家。スパイス初心者のための専門店 香林館（株）代表取締役。インドカレーに魅了され、家庭でかんたんに作れるスパイスカレーを提唱。オリジナルスパイスセットの開発・販売、レシピ本の出版のほか、テレビ、ラジオ、ネットなどでも幅広く活躍中。東京大学院在学中は食品化学の観点から香辛料の研究を行っていた。著書に『おもくない！ふとらない！スパイスとカレー入門』（スタンダーズ）、『ひとりぶんのスパイスカレー』（山と渓谷社）、『おいしくやせる！簡単スパイスカレー』（青春出版社）など。

◆ http://indocurryko.net/
◆ twitter　　　@IndoCurryKo
◆ instagram　　@indocurryko
◆ facebook.com　@IndoCurryKo

Staff

編集	白鳥紀久子
	オフィス msd
デザイン	布谷チエ
撮影	矢野宗利
スタイリング	宮沢ゆか
調理アシスタント	金子りん

フライパン
ひとつで
スパイスカレー

発行日	2020年3月30日第1刷発行
	2021年6月20日第2刷発行
著者	印度カリー子
発行人	木本敬巳
編集長	政田智佳子
発行・発売	ぴあ株式会社
	〒150-0011
	東京都渋谷区東1-2-20
	渋谷ファーストタワー
	編集／03 (5774) 5262
	販売／03 (5774) 5248
印刷・製本	株式会社
	シナノパブリッシングプレス